DISCOURS

Prononcé par M. le Comte MORAND, Lieutenant-général des armées du Roi, au Conseil de guerre permanent de la 5.ᵉ division militaire, présidé par S. A. S. le Prince d'HOHENLOHE-BARTENSTEIN, Lieutenant-général, séant à Strasbourg, le 5 Juin 1819.

MESSIEURS,

Je suis traduit devant vous, parce qu'une grande injustice a été commise envers moi, parce qu'en violation et au mépris des lois et des ordonnances du Roi j'ai été jugé et condamné par un conseil de guerre, le 29 Août 1816.

Ce jugement inique et illégal n'est plus qu'un de ces tristes et douloureux monumens qui rappellent les troubles civils, la faiblesse des hommes et le délire des passions : ce n'était qu'un de ces monstres que vomissent les tempêtes ; ma présence sur le territoire de la France l'a anéanti. J'ai souffert de ce jugement.... Incapable de ressentiment, son souvenir s'effacera de ma mémoire.

Mais mon cœur reconnaissant n'oubliera jamais la bonté du Roi, qui a écarté les obstacles qui me retenaient sur une terre étrangère et qui m'ôtaient le pouvoir de me justifier dans les formes que les lois prescrivent.

J'ai l'espérance et la conviction que vous trouverez ma défense et ma justification dans l'exposé simple, sincère et loyal de ma conduite et de mes intentions à cette époque que tant de désastres ont suivie; vous les trouverez aussi dans les pièces mêmes de la procédure, dans les lettres confidentielles exhumées pour me perdre.

A l'époque de la première restauration, j'étais bloqué dans Mayence avec le 4.ᵉ corps d'armée, que je commandais, et qui le 17 Avril reconnut l'autorité du Roi. Je ne pus arriver à Paris que vers la fin du mois de Mai : la plupart des emplois de mon grade étaient donnés ; il y avait une foule de concurrens pour le reste. Je ne demandai ni ne refusai : il est dans mes principes et mes habitudes de ne rien demander. Je ne fus point employé. Après être demeuré quelque temps à Paris pour me faire connaître du Roi et des Princes, je me retirai à Fontainebleau, où, dans la solitude la plus profonde, je me préparai, en recueillant mes souvenirs, à rendre au Roi les services qu'il pourrait peut-être me demander un jour.

Je vivais dans cette retraite, dans cette solitude,

uniquement occupé de retracer à ma mémoire les faits glorieux, les belles actions dont j'avais été le témoin, jouissant avec délices d'un loisir dont vingt-cinq ans de fatigues non interrompues m'avaient fait un besoin, lorsque, le 25 Mars au soir, je reçus un ordre du Ministre de la guerre de me rendre sur la rive droite de la Loire pour y rallier les régimens qui avaient été détachés des 12.ᵉ, 13.ᵉ, 21.ᵉ et 22.ᵉ divisions militaires, et pour maintenir dans ces départemens l'ordre, l'obéissance aux lois et la paix : je reçus un pouvoir illimité, tout le pouvoir nécessaire pour obtenir ce résultat.

Je me rendis d'abord à Alençon, d'où j'expédiai les ordres aux régimens en marche; de là à Angers et à Nantes. C'est le 28 que j'arrivai à Alençon.

C'est à Nantes, le 2 Avril, que le général de gendarmerie Bucquet m'apporta les ordres de faire occuper par des colonnes mobiles les départemens compris entre la Loire et la Dordogne, d'organiser une division active, dont le général Travot prit le commandement. Les pouvoirs qui m'étaient confiés pour le maintien de la paix et de l'ordre s'étendaient de la Normandie aux Pyrénées, et, sur la rive gauche de la Loire, de l'Océan aux Cévennes. Dans ces dépêches je trouvai une proclamation manuscrite, qu'il m'était ordonné de faire imprimer et publier sous mon nom, afin de prévenir les habitans des motifs du mouvement des troupes, et de les inviter à se maintenir dans l'obéissance aux lois. Cette proclamation parut à Nantes, le 4 Avril. Ce jour même j'en partis pour me rendre à Saintes, passant par La Rochelle et Rochefort, afin de me trouver au centre de ces mouvemens de troupes que j'avais ordonnés, et d'y recevoir les rapports qui devaient m'y être adressés. Quelques-unes de ces colonnes mobiles s'avancèrent jusqu'à Cahors. Le 8 Avril je partis de Saintes pour Toulouse. A Bordeaux, je concertai avec le général Clausel, qui y commandait depuis huit jours, les moyens de garantir cette grande cité de tout trouble, de tout malheur. A Toulouse, je trouvai le général Maurice Mathieu sans inquiétude, ce qui me décida à revenir à Paris. Les régimens qui étaient en marche eurent l'ordre de se rallier sur différens points de la rive gauche de la Loire, où le Ministre de la guerre les organisa en divisions, qui eurent une destination qui m'est inconnue.

A mon arrivée à Paris, je reçus la commission de colonel du corps des chasseurs et voltigeurs de la garde, et ne m'occupai plus que de son organisation et à assister aux séances de la chambre des Pairs, dont je fus nommé membre.

On entra en campagne. Lors de la retraite, les derniers postes de l'armée étant à Laon, M. le maréchal duc de Dalmatie, abandonnant ses fonc-

tions de major-général, me remit le commandement de l'arrière-garde de l'armée, qui se trouva
formée de quelques brigades de cavalerie, outre
les différens corps de la garde.

A Villers-Coteret, je fis ma jonction avec le
général Grouchi, d'où le mouvement de l'ennemi
sur notre gauche le força de se replier sur Paris,
où, le général Drouot ayant pris le commandement supérieur de la garde, je continuai à com-
mander sous ses ordres le corps des chasseurs et
voltigeurs.

Après le 24 Juillet, ce général s'étant rendu à
Paris pour y être jugé, je repris le commandement de l'infanterie de la garde, que je ne remis à M. le Maréchal duc de Tarente qu'en vertu
d'une ordonnance qui parut alors, et qui pres-
crivait à tous les officiers qui n'étaient point em-
ployés au 20 Mars de rentrer dans leurs foyers;
la même ordonnance me conservait les fonctions
de colonel du corps des chasseurs et voltigeurs
jusqu'au licenciement.

Je revins à Paris, où quelque temps après j'ob-
tins du ministre de la guerre un congé d'une an-
née pour aller en Pologne, où m'appelaient des
intérêts de famille. Le 30 Septembre je passai le
Rhin. Au mois de Septembre 1816, à l'expiration
de ce congé, j'étais en route pour revenir en
France, lorsque je lus avec le plus grand éton-

nement, dans les gazettes étrangères, le jugement rendu contre moi. Il fallut retourner dans mon village; et en attendant le jour où j'obtiendrais justice, je labourai mon champ.

Voilà, Messieurs, ce que j'ai fait depuis la première restauration jusqu'à ce jour; le reste de ma vie est écrit sur nos champs de bataille, dans les annales de l'armée, où je l'ai passée avec vous : je l'ai passée, comme vous, sans peur et sans reproche.

Proscrit, j'ai parcouru les contrées qui furent le théâtre de notre gloire : je n'ai reçu que des témoignages d'estime et d'intérêt, surtout parmi ces nobles et braves Polonais, nos amis, nos anciens compagnons d'armes, qui enfin ont trouvé comme nous, sous le sceptre d'un prince généreux, le terme de leurs adversités.

Ce calme, cette sérénité, je dirai même cette fierté que répand dans nos ames la conscience d'avoir fourni sa carrière avec honneur, d'avoir rendu sa vie utile à la patrie et hors d'atteinte à la calomnie même, sont une récompense qui défie les rigueurs de la fortune et tous les coups du sort. C'est avec cette tranquillité d'esprit qui ne m'a point quitté dans mes infortunes, que je viens vous demander justice.

Ma conduite fut sage et modérée : j'ai rempli avec succès la mission qui m'avait été confiée pour le maintien de l'obéissance aux lois ; je n'ai usé du pouvoir immense qui m'avait été remis que pour empêcher l'effusion du sang, prévenir l'explosion des ressentimens particuliers et tous les malheurs qui accompagnent d'ordinaire de grandes commotions politiques. Je n'ai fait de mal à personne, et j'ai été utile à plusieurs.

C'est ainsi qu'à Alençon je m'opposai à l'arrestation de M. le prince de Broglie ; à Angers, à celle de M. le marquis d'Autichamp.

Plusieurs personnes signalées à la gendarmerie et qui devaient être arrêtées d'après des ordres récens et positifs, se trouvaient à La Rochelle, lorsque j'y passai ; non-seulement elles ne furent point arrêtées, mais je priai le Préfet et le Général commandant la division de faciliter leur retraite hors de France.

Lors de mon passage à Nantes, j'appris que S. A. S. Monseigneur le duc de Bourbon éprouvait quelque embarras sur la côte, où il cherchait à s'embarquer : j'offris pour ce Prince tous les secours qui pouvaient dépendre de moi, et le lieutenant-colonel d'artillerie Raindre, que j'avais chargé de faire réarmer les batteries de l'embouchure de la Loire, vous a dit, Messieurs, que la première des instructions que je lui donnai, fut de rendre à S. A. S., s'il en trouvait l'occasion, tous les services qu'il pourrait.

Dieu m'est témoin de l'horreur que j'ai toujours eue pour la guerre civile, et que je donnerais ma vie pour empêcher l'effusion du sang français. Dans ma longue et active carrière militaire j'ai le bonheur de n'avoir jamais combattu que les étrangers.

Dieu m'est témoin aussi, dans quelles intentions je me suis chargé de la mission et du commandement qui m'ont été confiés ; toute ma conduite le prouve. Ai-je nui à un seul Français ? ai-je fait verser une seule larme ? ai-je commis un acte arbitraire ou injuste ? Non, Messieurs, vous ne trouverez que des témoignages qui me sont honorables : je ne propose que des mesures sages et de douceur, un appareil de force pour n'avoir pas à en user, des motifs de laisser en paix des hommes dénoncés comme dangereux ; ce sont des arrestations ordonnées auxquelles je m'oppose, d'autres que je ne fais point, malgré des ordres positifs : c'est ainsi que j'ai usé du pouvoir extraordinaire dont je me suis trouvé momentanément investi.

J'ai vécu dans la retraite, sans être employé et sans prendre aucune part aux événemens jusqu'au 26 Mars ; je n'ai quitté la France que le 30 Septembre, avec un congé limité du Ministre de la guerre : ce congé est sous vos yeux. Depuis le retour du Roi jusqu'à mon départ, j'ai commandé toute l'infanterie de l'ex-garde, où seulement le corps des chasseurs et voltigeurs ; mais j'ai été employé, j'ai reçu mes appointemens, j'ai passé ce temps, soit à Bourges et Issoudun , soit à Paris ; mon nom est sur tous les actes de soumission, d'obéissance et de fidélité que l'armée et la garde ont adressés au Roi : j'ai donc passé le Rhin en activité de service, absous de la proclamation publiée à Nantes le 4 Avril, et de toute part que j'aurais pu prendre aux événemens depuis le 23 Mars 1815, par l'ordonnance du 24 Juillet 1815. Le temps qui s'est écoulé depuis mon retour de l'armée jusqu'à mon départ de France, je l'ai passé à Paris dans ma maison avec l'autorisation qui était exigée alors du Gouverneur, sous ses yeux, sous les yeux du Ministre de la guerre, non-seulement sans être inquiété, mais même en activité de service. Comment se peut-il que, onze mois après mon départ, je sois traduit devant un conseil de guerre, jugé et condamné, contre la volonté expresse et formelle du Roi, qui m'avait absous ; que je sois traité plus rigoureusement que les Français inscrits sur la seconde des listes jointes à l'ordonnance du 24 Juillet ?

Où est l'ordre du Ministre de la guerre pour me traduire devant un conseil de guerre huit mois après le 12 Janvier 1816, après la loi d'amnistie ? Y a-t-il une ordonnance du Roi, une décision des Chambres pour m'accuser et me mettre en jugement ? Y a-t-il une ordonnance, y a-t-il une loi qui ait pu autoriser le Ministre de la guerre à donner des ordres pour me traduire devant un conseil de guerre ? Le jugement rendu à La Rochelle est clandestin : les journaux l'annoncèrent ; mais ils ont gardé le silence sur l'accusation, sur la mise en jugement. Aucune publication ne le précède, aucune notification n'est faite, ni à mon ancien domicile, ni au domicile de mon père, qui était le mien : faute d'autre, on le savait, puisqu'on lui a notifié le jugement. Mes amis, mes frères, mes camarades ne peuvent me défendre. Frappés de ce coup inattendu, leur étonnement et le mien furent extrêmes. Je demandai la permission de rentrer en France pour réclamer justice : le Roi daigna me l'accorder par son ordonnance du 29 Janvier 1819, et aussitôt, malgré l'état de ma femme (car à peine j'étais sur le sol de la France, de ma patrie, que j'ai eu le bonheur d'y voir naître mon quatrième fils), malgré les difficultés d'un long et pénible voyage, d'un chemin de 500 lieues, je suis accouru, je suis entré sans hésiter dans cette place, plein de soumission et de respect pour les lois de ma patrie, de confiance dans la justice et la bonté du Roi, dans mon droit, dans le caractère de mes frères d'armes qui seraient mes juges.

Socrate, par respect pour les lois, refusa de fuir des juges iniques : conduit par le même sentiment, je n'ai pas eu à montrer la même vertu, parce que j'étais convaincu de la justice des juges que je venais chercher.

Les rois et les sujets, les princes et les états, les villes et les citoyens, la nature entière, sont soumis aux décrets de la Providence; mais malheur aux hommes qui se rencontrent dans les bouleversemens qu'elle emploie pour établir un ordre meilleur! Souvent un abyme s'ouvre sous les pas de celui qui marchait avec sécurité dans la route du devoir; la vertu de la veille est le crime du lendemain. Qui plus que notre auguste Monarque et sa famille ont souffert de ces bouleversemens? vingt ans son autorité et ses vertus furent méconnues par nous-mêmes, par nous dont maintenant elles font le salut et le bonheur. Si le conseil de guerre qui m'a jugé si sévèrement et si injustement, eût réfléchi un instant à cet entraînement des choses et des hommes, il eût été plus indulgent.

Ma vie fut consacrée à ma patrie; je l'ai servie dans des temps d'orages, dans des temps de gloire, dans des temps de désastres. Eh! pourquoi sacrifier les services que je peux encore rendre au Roi! Si ce conseil eût pensé à ce qu'il en coûte à une nation pour l'apprentissage de ses généraux, il eût été moins avide de mon sang.

Messieurs,

J'ai recherché avec toute l'attention qu'exigeaient ma justification et ma défense, les motifs ou les prétextes de ce jugement inique et illégal rendu contre moi en 1816, où la parole sacrée du Roi a été faussée, où ses ordonnances et les lois ont été méconnues, où toutes les formes protectrices de l'honneur et de la vie du citoyen ont été violées : je n'en ai trouvé aucun. Je ne suis point coupable ; mais, si je l'étais, je trouverais un refuge dans la loi du 16 Janvier 1816 : *Elle m'absout.*

L'empressement que j'ai mis à venir me présenter devant vous aussitôt que le Roi a daigné me le permettre, est la preuve de mon désir de le servir avec dévouement, zèle et fidélité.

Je n'ai plus rien à dire, Messieurs ; j'attends votre décision sur mon sort avec la confiance et la sécurité que vos nobles caractères m'inspirent, avec la soumission et le respect que je dois aux organes des lois.

EXTRAITS DES JUGEMENS.

Premier jugement, par contumace, rendu par le Conseil de guerre permanent de la 12.ᵉ division militaire, séant à La Rochelle, le 29 Août 1816.

Juges, Messieurs

Rey, Lieutenant - général, chevalier de l'ordre royal et militaire de S. Louis, Président;

Le Comte d'Autichamp, Charles, Lieutenant-général, commandeur de l'ordre royal et militaire de S. Louis;

Le Comte Loverdo, Lieutenant - général, commandeur de l'ordre royal et militaire de S. Louis, commandeur de l'ordre royal de la Légion d'honneur;

Pignet, Colonel de la légion de la Charente inférieure, chevalier de l'ordre royal et militaire de S. Louis, officier de l'ordre royal de la Légion d'honneur;

Chadabert, Chef de bataillon de la légion de la Charente inférieure, chevalier de l'ordre royal de la légion d'honneur;

Deuxième jugement, rendu par le Conseil de guerre permanent de la 5.ᵉ division militaire, séant à Strasbourg, le 5 Juin 1819.

Juges,

S. A. S. le prince d'Hohenlohe - Bartenstein, Lieutenant-général, Président.

Messieurs

Le Baron Castex, Lieutenant - général des armées du Roi, commandant pour Sa Majesté la 6.ᵉ division militaire;

Le Comte de Razout, Lieutenant-général des armées du Roi, commandant pour Sa Majesté la 3.ᵉ division militaire;

Le Colonel Treussard, Directeur du génie;

Le Chef d'escadron Saufy, du train d'artillerie de Strasbourg;

Le Capitaine Michelet, de la légion de la Moselle;

Le Capitaine Labatie, de la légion de l'Ain;

DEMEYNARD, Capitaine, Adjoint à l'état-major de la 12.ᵉ division, chevalier de l'ordre royal et militaire de S. Louis ;

PICARD, Capitaine de la légion de la Charente inférieure ;

Le Comte de TROLONG DURUMAIN, Chef d'escadron de Gendarmerie royale, chevalier de l'ordre royal et militaire de S. Louis, remplissant les fonctions de Rapporteur ;

CHOPPY, Capitaine de la légion de la Charente inférieure, chev.ᵉʳ de l'ordre royal de la Légion d'honneur, faisant les fonctions de Commissaire du Roi.

Le Conseil délibérant à huis clos, etc.

Le Président a posé la question ainsi qu'il suit :

Le nommé Louis-Charles-Antoine-Alexis MORAND, Lieutenant - général, prévenu d'avoir fait une proclamation* tendante à allumer la guerre civile et à anéantir le gouvernement royal, *est-il coupable ?*

DUCROS, Chef de bataillon d'artillerie, Inspecteur de la fonderie royale, faisant les fonctions de Rapporteur ;

TOIRAC, Capitaine du corps royal d'état-major, faisant les fonctions de Procureur du Roi ;

Le Conseil délibérant à huis clos, etc.

M. le Président a posé la question ainsi qu'il suit :

Le Lieutenant - général MORAND, Louis-Charles-Antoine-Alexis, qualifié ci-dessus, accusé d'avoir, le 3 Avril 1815, fait imprimer, publier et afficher, dans les départemens de l'ouest de la France, une proclamation

---

* On se garde bien de rappeler la date de la proclamation ni d'en citer aucun fragment.

Le Conseil de guerre permanent déclare, *à l'unanimité*, que ledit Louis-Charles-Antoine-Alexis MORAND, Lieutenant-général, *est coupable.*

Sur quoi, le Commissaire du Roi entendu, etc. ; le Conseil de guerre condamne à l'unanimité le nommé Louis-Charles-Antoine-Alexis MORAND, Lieutenant-général, à la peine de mort, conformément à l'art. 87 du Code pénal, section 2, paragraphe 1.er, ainsi conçu :

L'attentat ou le complot contre la vie ou la personne des membres de la famille royale;

L'attentat ou le complot dont le but sera, soit de détruire ou de changer le Gouvernement et l'ordre de successibilité au trône,

Soit d'exciter les citoyens ou les habitans à s'armer contre l'autorité royale,

Seront punis de la peine de mort et de la confiscation des biens; etc.

tendante à renverser l'autorité légitime, *est-il coupable?*

Le Conseil de guerre permanent déclare, *à l'unanimité*, que le Lieutenant-général MORAND, Louis-Charles-Antoine-Alexis, *n'est pas coupable.*

Sur quoi, le Procureur du Roi entendu, etc.

Le Conseil de guerre permanent déclare que le Lieutenant-général Comte MORAND, Louis-Charles-Antoine-Alexis, est déchargé de l'accusation dirigée contre lui, conformément, etc. ; ordonne qu'il sera de suite mis en liberté et rendu à ses fonctions.

CASSE et ANNULLE le jugement par contumace, rendu contre lui, le vingt-neuf Août 1816, par le deuxième conseil de guerre permanent de la 12.e division militaire, séant à La Rochelle.

Certifié les extraits ci-dessus conformes aux minutes des jugemens annexés au dossier de la procédure.

Signé GAILLARD, Greffier.

Vu par le Chef de bataillon rapporteur,

Signé DUCROS.

STRASBOURG, de l'impr. de F. G. LEVRAULT, imprimeur du Roi.